Let's 주짓수

렛츠 주짓수

ⓒ 2023. HereC All rights reserved.

초판 1쇄 발행 2023년 12월 5일
초판 2쇄 발행 2025년 6월 10일

지은이 HereC
펴낸이 장성두
펴낸곳 주식회사 제이펍

출판신고 2009년 11월 10일 제406-2009-000087호
주소 경기도 파주시 회동길 159 3층 / **전화** 070-8201-9010 / **팩스** 02-6280-0405
홈페이지 www.jpub.kr / **투고** submit@jpub.kr / **독자문의** help@jpub.kr / **교재문의** textbook@jpub.kr

소통기획부 김정준, 이상복, 안수정, 박재인, 박새미, 송영화, 김은미, 나준섭, 권유라
소통지원부 민지환, 이승환, 김정미, 서세원 / **디자인부** 이민숙, 최병찬

진행 및 교정·교열 송찬수 / **내지·표지디자인** 최병찬
용지 타라유통 / **인쇄** 해외정판사 / **제본** 일진제책사

ISBN 979-11-92987-58-3 (13690)
책값은 뒤표지에 있습니다.

※ 이 책은 저작권법에 따라 보호를 받는 저작물이므로 무단 전재와 무단 복제를 금지하며,
    이 책 내용의 전부 또는 일부를 이용하려면 반드시 저작권자와 제이펍의 서면 동의를 받아야 합니다.
※ 잘못된 책은 구입하신 서점에서 바꾸어드립니다.

제이펍은 여러분의 아이디어와 원고를 기다리고 있습니다. 책으로 펴내고자 하는 아이디어나 원고가 있는 분께서는
책의 간단한 개요와 차례, 구성과 지은이/옮긴이 약력 등을 메일(submit@jpub.kr)로 보내주세요.

Let's 주짓수

HereC 글/그림

※ 드리는 말씀

- 이 책은 이만배(이걸? 만화로 배워!?)에서 연재된 '렛츠 주짓수'를 엮은 것으로서 규범 표기보다 주짓수에 통용되는 용어를 우선해서 따르기도 했습니다.
- 책의 내용과 관련된 문의사항은 지은이나 출판사로 연락해 주시기 바랍니다.
  - 지은이: kims4580@nate.com
  - 출판사: help@jpub.kr

프롤로그

주짓수를 처음 시작했을 때 격투기 챔피언이라든지 하는 그런 거창한 목표는 없었다.

그냥 취미로 운동을 즐겼을 뿐인데 어느새 주짓수 9년 차 브라운벨트

그리고 어쩌다 보니 지금은
주짓수를 가르치는 입장이 되었다.

만화로 배우는 주짓수 기본 강좌
Let's 주짓수

차 례

	프롤로그	005
1화	주짓수?	009
2화	주짓수에서의 포지션	021
3화	가드의 종류	031
4화	클로즈 가드	043
5화	첫 스파링	055
6화	크로스 초크	069
7화	암바	081
8화	키 락 그리고 기무라 락	093
9화	니슬라이드	103
10화	스파이더 가드	115
11화	스파이더 가드에서 사용하기 딱 좋은 기술 2가지	127
12화	스파이더 가드 패스	137
13화	데라히바 가드	149
14화	데라히바 가드 패스	161
15화	사이드 포지션 탈출	171
16화	마운트 탈출	181
17화	백포지션 탈출	191

18화	아메리카나	201
19화	베이스볼 초크	211
20화	도복을 이용한 초크	221
21화	백 초크	231
22화	보우앤애로우 초크	241
23화	리어네이키드 초크	251
24화	마운트 공략(1) 트라이앵글 초크	261
25화	마운트 공략(2) 이제키엘 초크	271
26화	마운트 공략(3) S 마운트 암바	281
27화	리스트 락	291
28화	앵클 락	301
29화	니바	311
30화	승급	321
	에필로그	333

1화

주짓수?

관절기나 조르기 기술 등을 사용하여 상대방을 제압하는 실전 무술

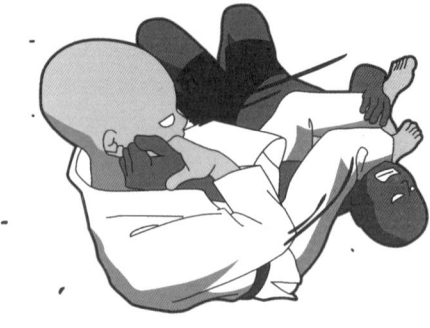

종합격투기에서도 가장 큰 무대 UFC 대회에
수많은 거구들을 이기고 초대 챔피언에 오른 사람은
왜소한 체격의 브라질 사람이었다.

격투기는 덩치가 크고 힘이 센 사람들이
유리하다 말하지만
그 편견을 실전에서 깨버린 사람이 바로
호이스 그레이시,

그리고 그가 속한 그레이시 가문의 유술이 바로 브라질리언 주짓수

이 일을 계기로 주짓수는 약자가 강자를 이길 수 있는 무술이라는 인식이 세계로 퍼져나가기 시작했고 이에 따라 주짓수를 즐기는 일반인도 늘어났다.

여기는 대한민국의 어느 조그만 주짓수 체육관

렛츠 주짓수
다이어트 · 호신술
주짓수

UFC에서 나오는 기술 같은 것도 배우나요?

※푸쉬업, 버피테스트 등 여러 가지 운동을 돌아가며 수행하는 종합 체력 운동

[주짓수 벨트 색상]

화이트　　블루　　퍼플　　브라운　　블랙

주짓수는 퍼플벨트부터 수업지도가 가능하며
주짓수 체육관을 오픈하는 시기도 퍼플벨트 이상부터입니다.

2화

주짓수에서의 포지션

가드(Guard) 포지션

아래에서 가드를 잡기 위한 포지션이에요. 아래에 있으면 불리할 것 같지만

가드 상태에서 쓸 수 있는 다양한 스윕이 있기 때문에 상대방을 뒤집을 수 있지요.

- 스윕(Sweep) -
가드 상태에서 상대를 뒤집어 포지션을 바꾸는 기술

2위는!
사이드 컨트롤
(Side Control)
포지션!!

이 포지션에서 위에 있는 사람은 아래 있는 사람의 목뒤 깃과 허리를 잡아놓고

움직이지 못하게 잡아둘 수 있습니다.

에이~
밑에 있는 사람이 몸부림치면 도망갈 거 같은데요.

- 니온벨리(Knee on Belly) -
무릎을 상대의 배 위에 올려놓고 압박하는 기술

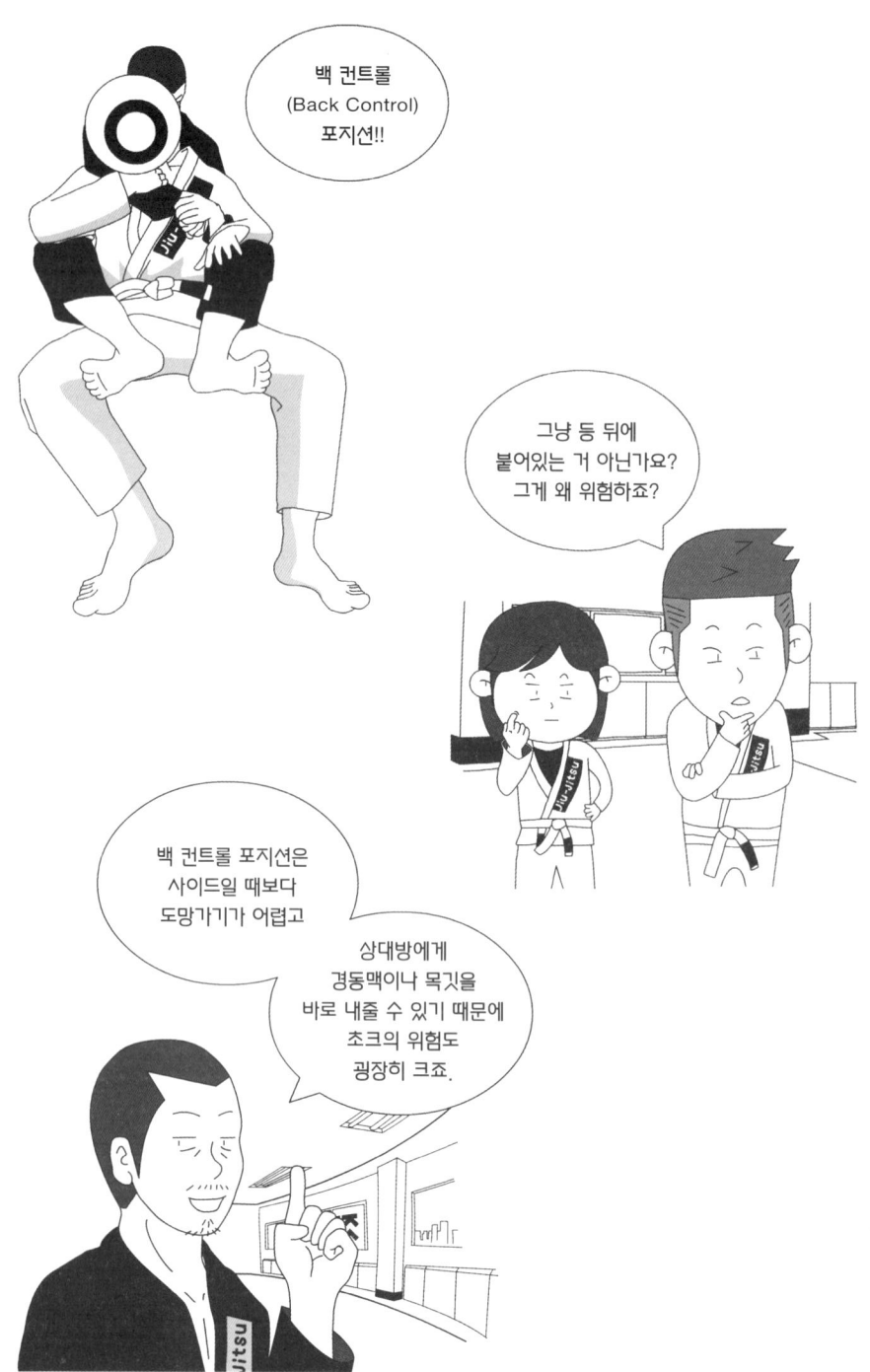

3화

가드의 종류

- 가드(Guard) -
격투기에서 상대방의 공격을 방어하는 기술

그렇다면 주짓수에서 가드는 어떻게 쓰일까?

위에 있는 사람을 '탑 플레이어'라 하고

아래 있는 사람을 '가드 플레이어'라고 하죠.

탑 플레이어는 가드 플레이어의 사이드나 백 포지션으로 이동을 해서 공격을 타이트하게 이어나갈 수 있습니다.

> 여기서 좀 더 위쪽을 잡아두고 싶다면 러버 가드(Rubber Guard), 윌리엄스 가드(Willams Guard)로 변형하면 됩니다.

- 러버 가드(Rubber Guard) -

다리를 상대의 목 뒷부분까지 끌어올려 잡아준 뒤 한쪽 팔을
동시에 제어하면서 초크나 관절기를 노릴 수 있는 가드

- 윌리엄스 가드(Willams Guard) -

다리를 상대의 어깨에 걸친 후
어깨에 걸친 다리 안으로 팔을 넣어
양손을 맞잡아 상대방의 상체를 고정시키는 가드

> 상대방의 팔을 묶어두는 가드는 라쏘 가드(Lasso Guard), 스파이더 가드(Spider Guard) 등이 있습니다.

- 스파이더 가드(Spider Guard) -

양손으로는 상대방의 손목 깃을 잡고
상대방의 팔꿈치 안쪽을 밟고 컨트롤하는 가드

- 라쏘 가드(Lasso Guard) -

다리로 상대의 한쪽 팔을
올가미 감듯이 감아서 잡아두는 가드

- 데라히바 가드(De La Riva Guard) -

한쪽 다리로는 상대방의 다리를 감고
나머지 다리로는 상대의 골반 또는
허벅지 부분을 컨트롤하는 가드

다리를 묶는 가드로는
데라히바 가드(De La Riva Guard),
X 가드(X Guard),
웜 가드(Worm Guard)
등등

- X 가드(X Guard) -

상대방의 다리 밑으로 들어가
본인의 다리를 X 모양으로 만들어
상대방의 중심을 컨트롤하는 가드

그리고 상대방의
도복 깃을 이용해서도
가드를 만들 수
있습니다.

- 웜 가드(Worm Guard) -

상대방의 도복 깃을 사용하여
본인의 다리와 엮어
허리와 다리를 동시에
묶어둘 수 있는 가드

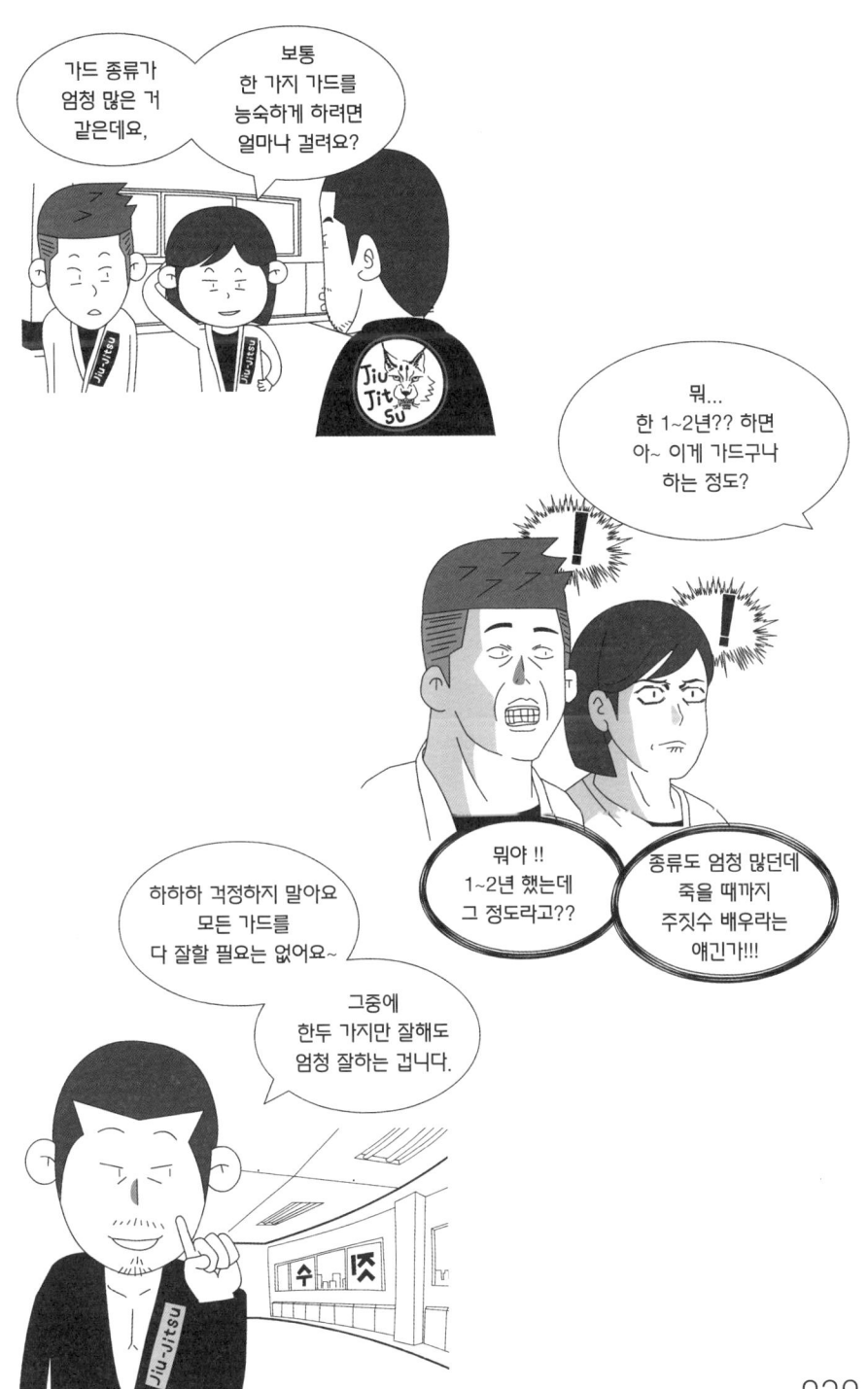

"기본이 되는 가드에서부터 시작해서 레벨이 오르면 다른 가드들도 배워가는 거죠."

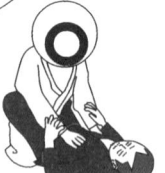
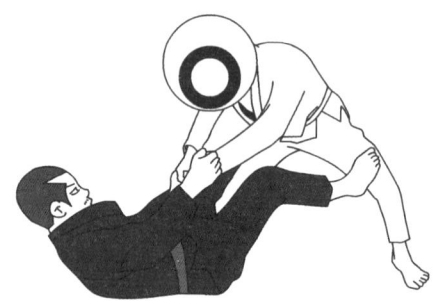

"수많은 가드 중에서 자신에게 맞는 걸 찾는 과정이라 생각하시면 돼요."

4화

클로즈 가드

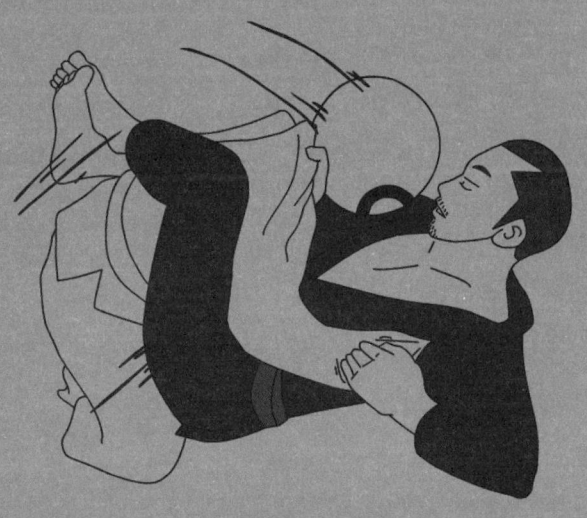

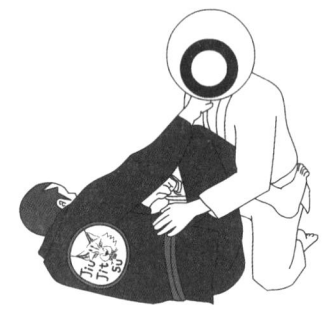

상대방의
팔과 목깃을 잡은 채로
클로즈 가드를 풀고
엉덩이를 옆으로 틀어주면
이 자세가 됩니다.

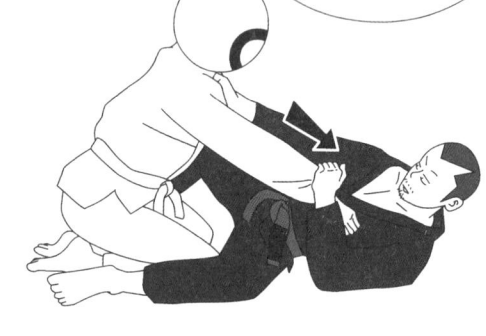

그 상태에서
몸을 뒤로 빼면서
상대방의 팔을 당기고

상체를 뒤로 젖히면서
동시에 다리를
가위차기하듯이 차면
시저스 스윕이 되는 겁니다.

- 플라워 스윕(Flower Sweep) -
상대의 팔과 다리를 잡고 자신의 몸을 틀어
다리로 상대방을 밀어 뒤집는 기술

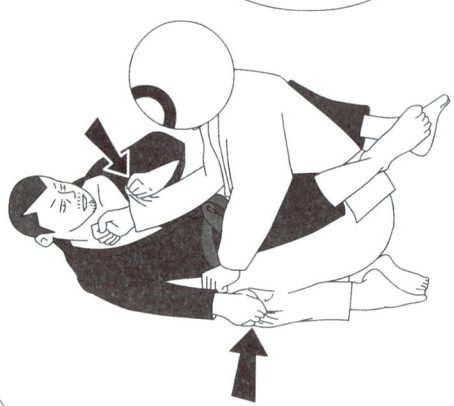

5화

첫 스파링

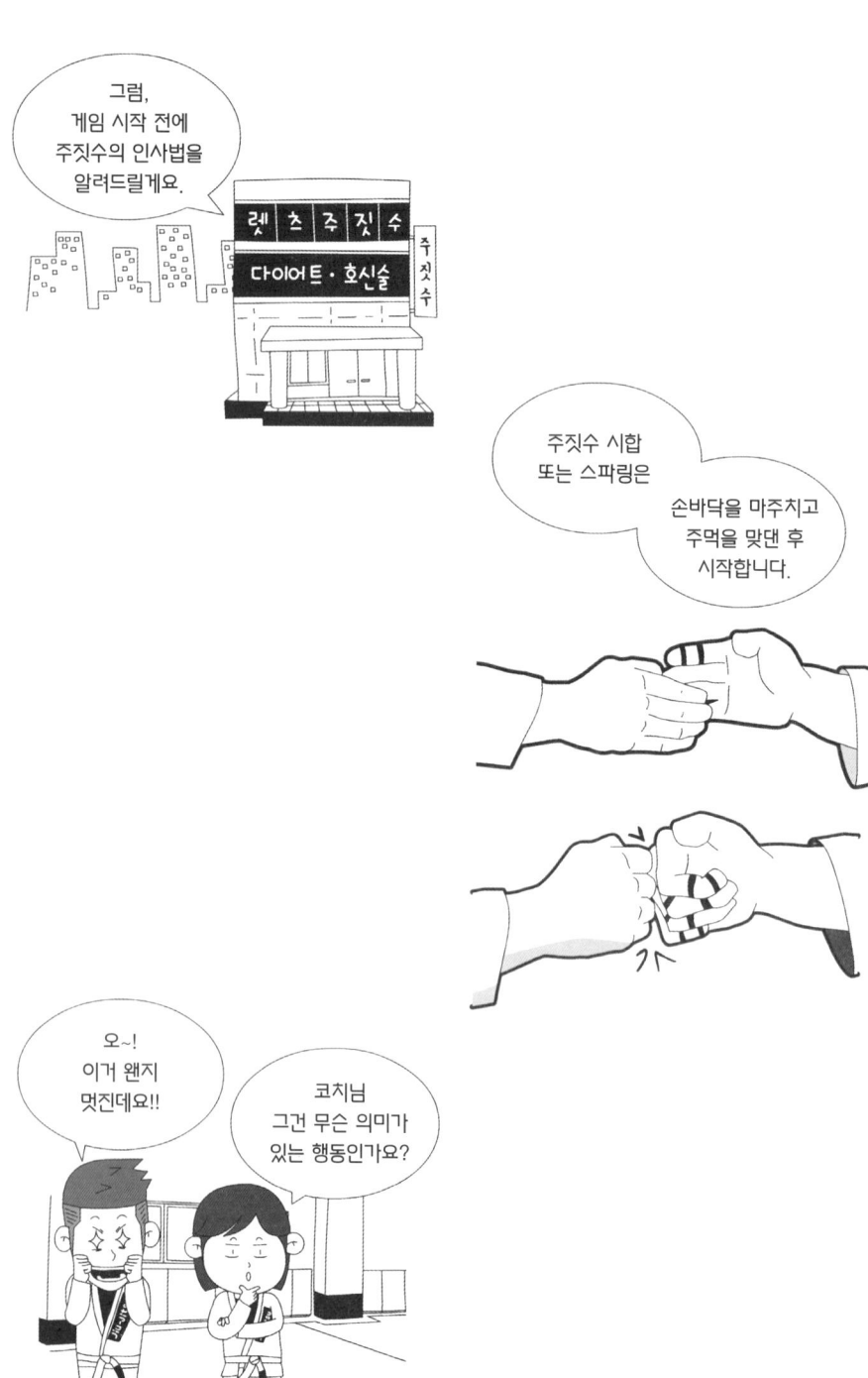

상대방에게 '나는 준비됐다'라는 뜻을 밝히는 행동입니다.

자 그럼 포지션 스파링을 시작해 볼까요?

잘 부탁합니다.

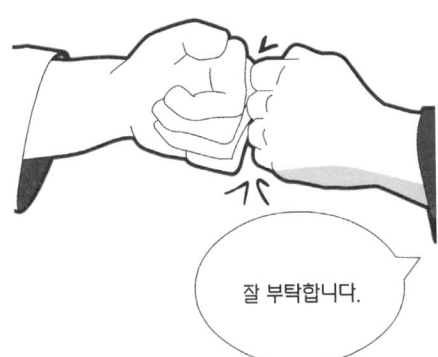

잘 부탁합니다.

좋아~
계획대로 되고 있군!
크크크

조금 전 작전회의 상황

춘수 씨는 힘에 자신감이 많은 회원이니까

진봉이가 적당히 힘으로 누르고 기술 위주로 잡아주면 달아오를 거야.

주짓수Tip 스파링할 때 상위 레벨 사람은 주로 받아주는 역할을 하기 때문에 기술 연습 상대로 좋습니다. 물론 부상 확률도 낮아지죠.

주짓수Tip 체육관마다 다소 차이가 있지만
보통 블루벨트까지 따려면 1년 6개월에서 2년 정도 걸립니다.
물론 꾸준히 참석한다는 것을 전제로...

6화

크로스 초크

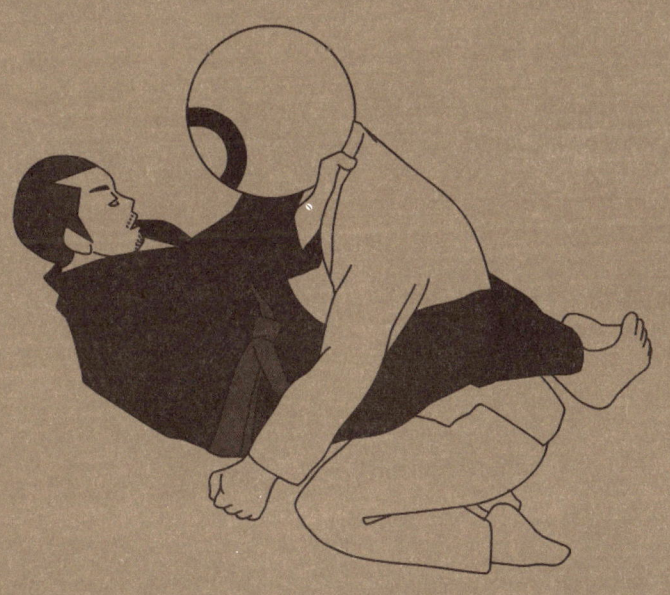

- 크로스 초크(Cross Choke) -
양팔을 엇갈려 잡은 뒤 상대방의 경동맥을 조르는 기술

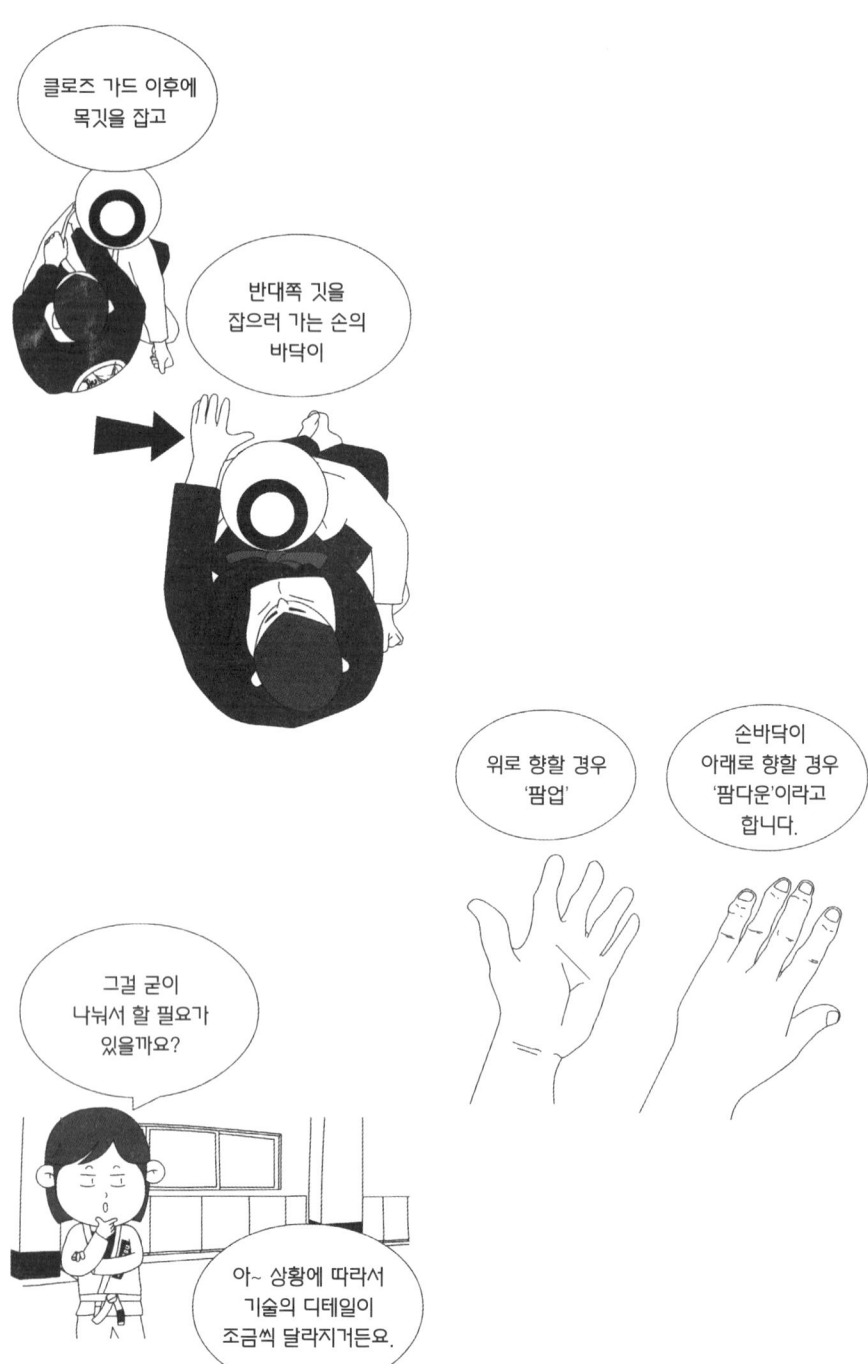

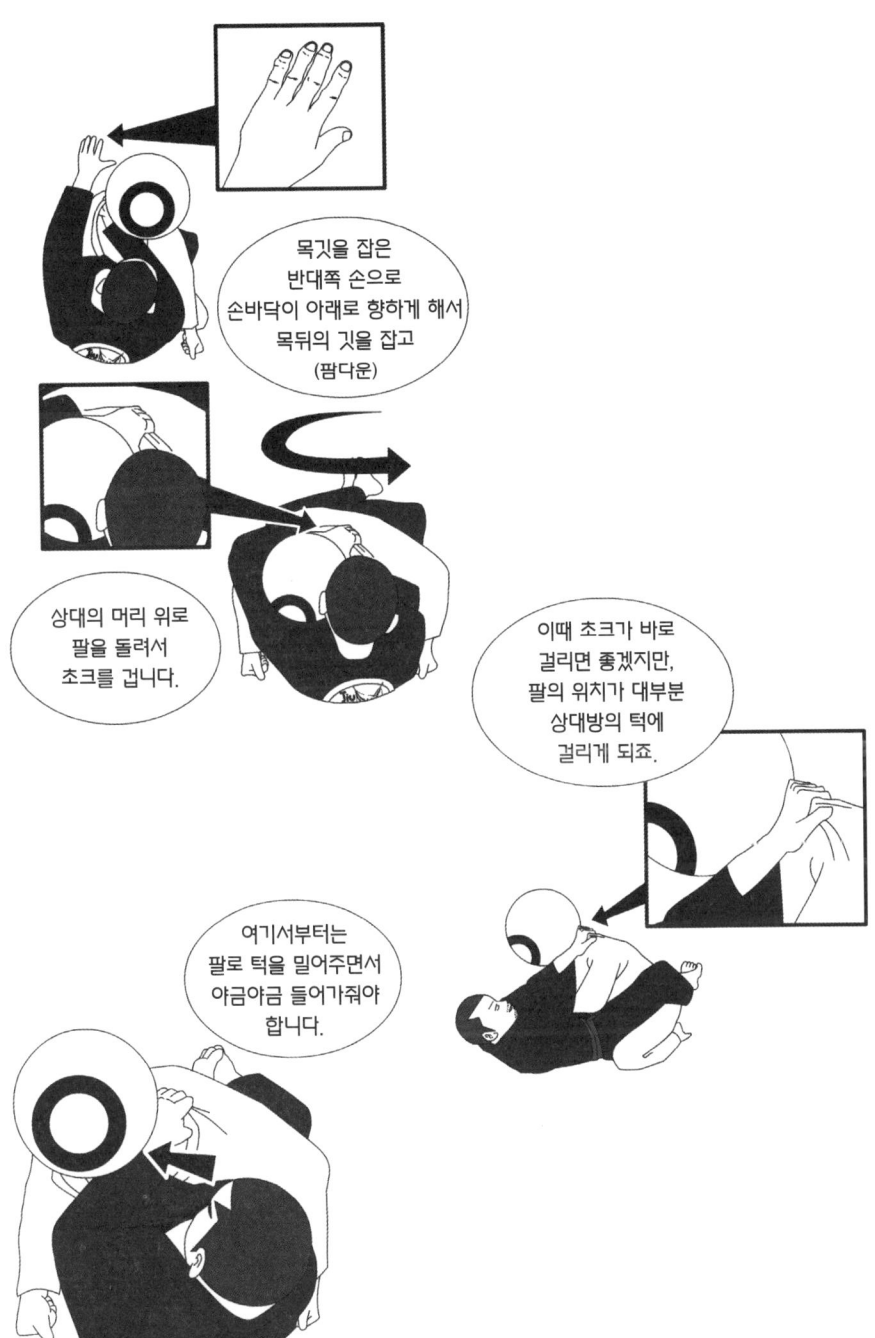

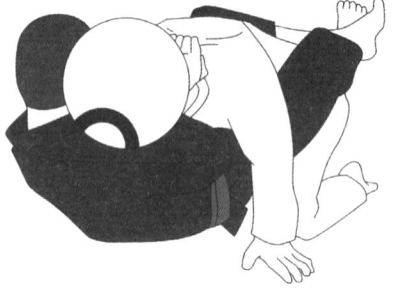

7화

암바

주짓수가 이렇게 사회생활하는 데 좋습니다. (작가 올림)

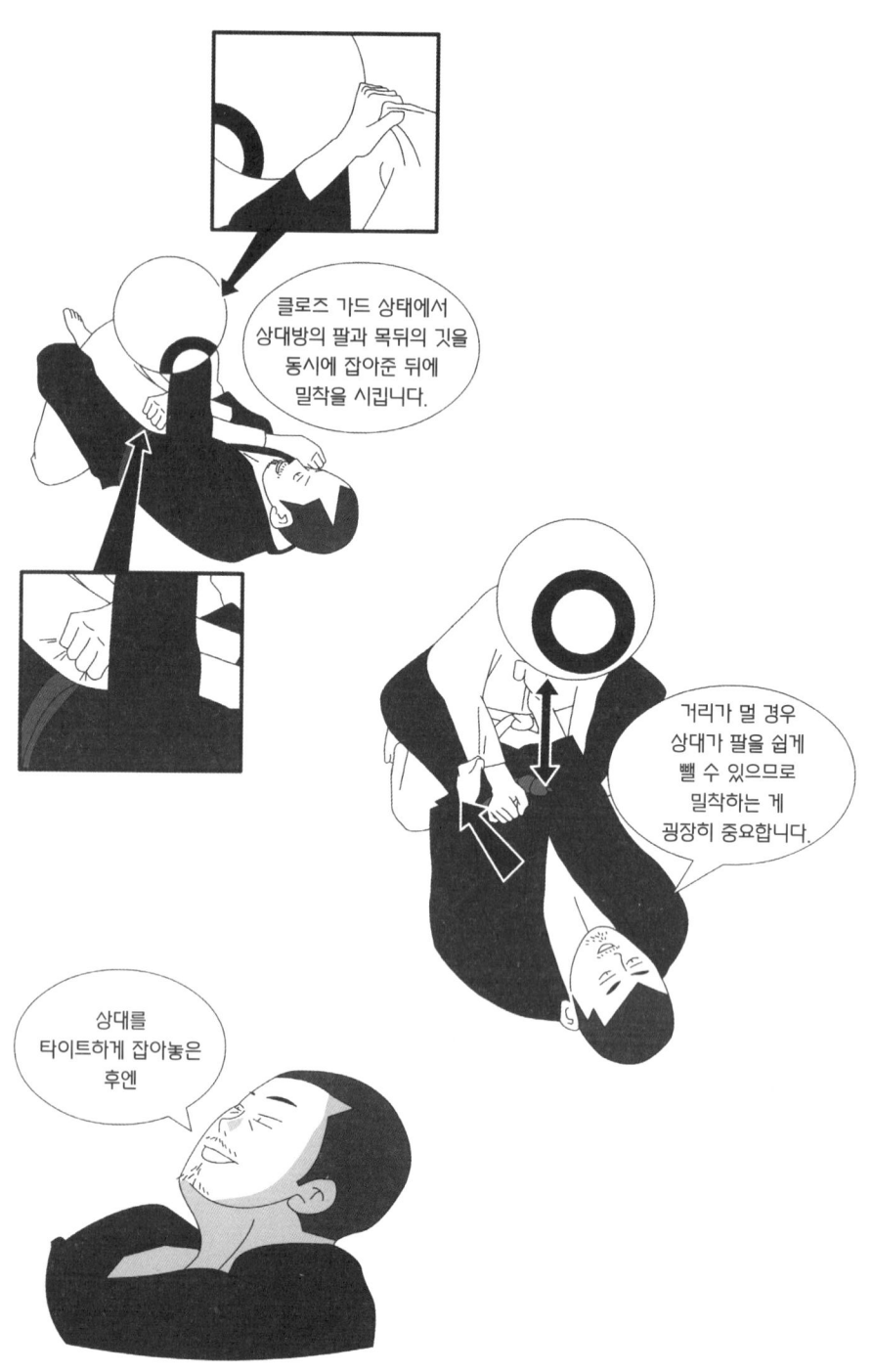

내 다리로 상대방의 겨드랑이를 밀어주면서

목깃을 잡고 있던 손으로 상대방 얼굴을 밀면서 남은 한쪽 다리를 머리 위로 넘겨줍니다.

팔을 잡은 상태에서 허리를 하늘로 들어주면 암바가 완성되죠.

암바... 어렵다던데 생각보다 간단해 보이네요?!

가드 상태에서
상대방이 중심을 뒤로 뺄 때
팔을 잡아채면서
스스로 몸을 돌려서
걸 수 있죠.

자신의 발목을 이용해서
상대방의 머리를 고정시켜
암바를 걸 수도 있죠.

발목을 이용해
상대방을 고정하는 방법은
사이드 포지션에서도
사용이 가능합니다.

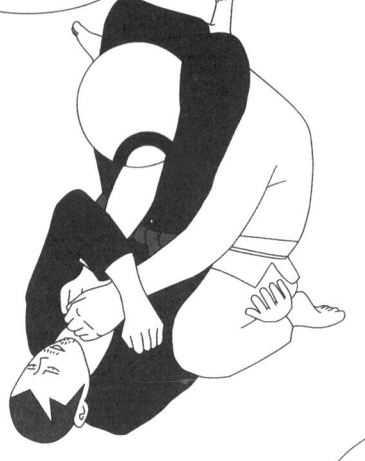

그리고 양다리로 상대방에게 초크 기술을 걸면서 암바를 함께 걸 수도 있습니다.

아이고... 방금 전 간단해 보인다는 말은 취소... 암바 종류가 엄청 많네요.

선배님도 저렇게 가능하세요?

MEMO

8화

키 락 그리고 기무라 락

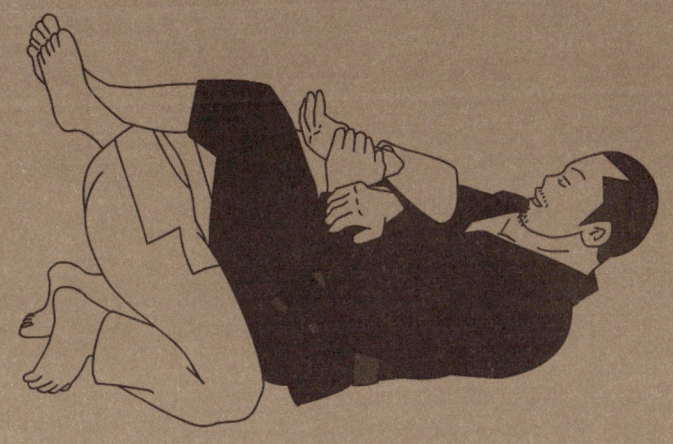

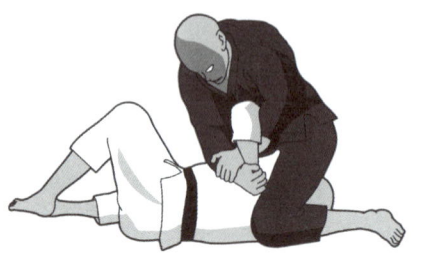# - 키 락(Key Lock) -

상대방의 팔꿈치 안으로
양손으로 얽혀 잡아 고정시킨 후
어깨 뒤로 손목을 들어 올려 관절을 꺾는 기술.

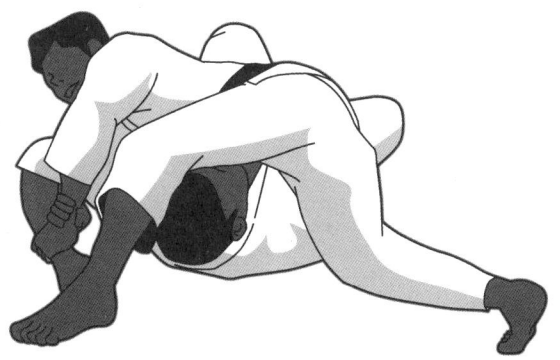

그 뒤로는 존경의 의미를 담아서 기무라 락이라고 부르기도 하죠.

키 락은 다양한 포지션에서 사용할 수 있는 기술이지만

배울 때는 클로즈 가드에서 시작하는 게 이해하기 쉬울 거예요.

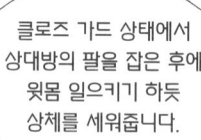

클로즈 가드 상태에서 상대방의 팔을 잡은 후에 윗몸 일으키기 하듯 상체를 세워줍니다.

그런 뒤 자신의 팔로 상대방의 잡은 팔을 감아주고

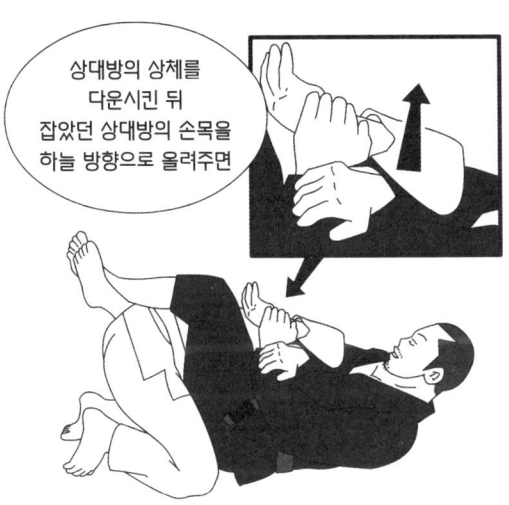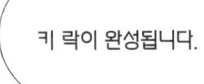

키 락의 경우 스윕과 연계하기도 좋습니다.

철권 같은 게임 속이 아닌 현실 연속기라니!! 멋지지 않나요?

코치님... 표정은 왜 그렇게...

키 락을 걸 때 상대방이 팔을 안쪽으로 넣어서 방어하면

상대의 팔꿈치를 잡은 손을 안으로 밀어 넣으면서

허리를 대각선 방향으로 튕겨주어 상대를 뒤집습니다.

- 힙범프 스윕(Hip Bump Sweep) -

9화

니슬라이드

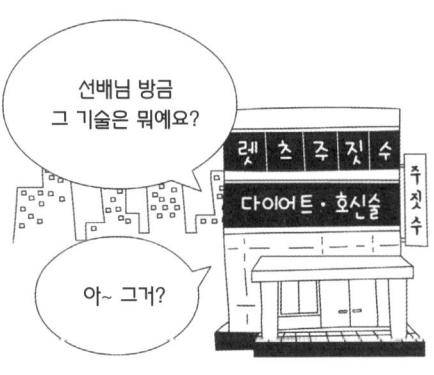

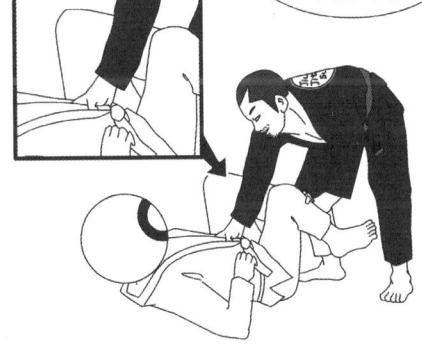

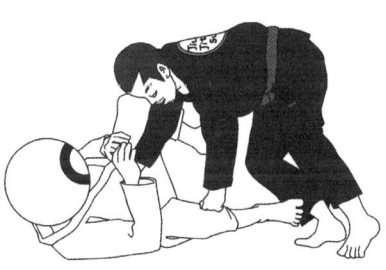

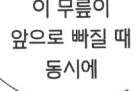

그리고 반대쪽 손은
내 몸이 앞으로 못 나오게
방해하는 상대방 팔
도복을 잡고 당깁니다.

그런 뒤에
무릎이 쭈욱 빠져나가면서
곁누르기로 눌러주고

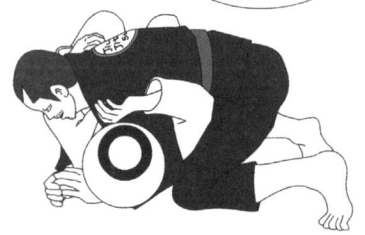

바로
사이드 포지션을
잡습니다.

10화

스파이더 가드

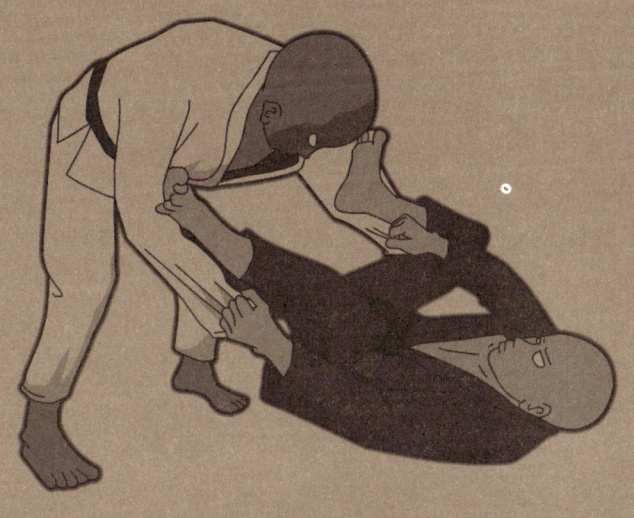

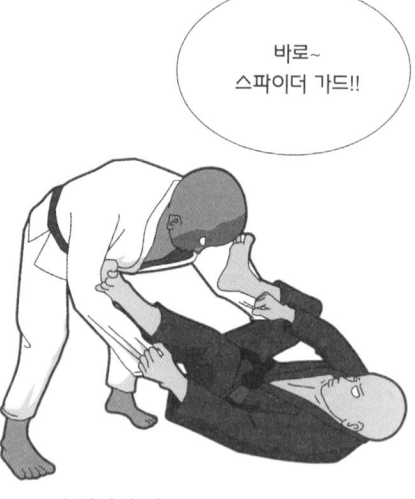

- 스파이더 가드(Spider Guard) -

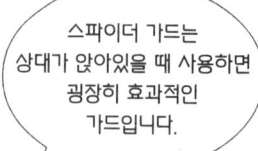

- 더블 앵클 스윕(Double Ankle Sweep) -

MEMO

11화

스파이더 가드에서 사용하기 딱 좋은 기술 2가지

보통 다리의 근육량은 팔 근육량의 3배 이상

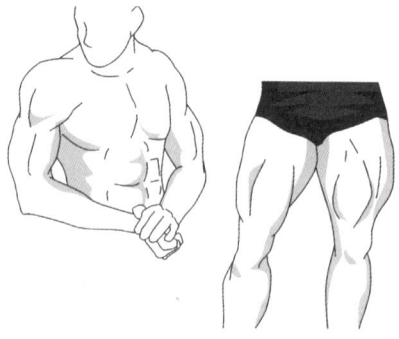

팔근육과 팔근육의 힘 싸움이라면
당연히 힘이 센 사람이 이기겠지만

※팔씨름 그림은 그냥 비유일 뿐입니다.
팔씨름도 기술이 많다고 합니다.

만약 팔과 다리가 힘 싸움을 한다면?

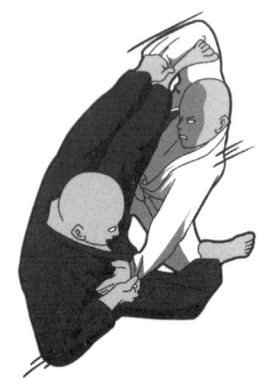

- 스파이더 가드(Spider Guard) -
다리로 상대방의 양팔을 컨트롤하는 가드

- 트라이앵글 초크(Triangle Choke) -

- 오모플라타(Omoplata) -

이어서~
스파이더 가드에서 쓸 수 있는 두 번째 기술

오모플라타의 준비 자세는 트라이앵글 초크와 같아요.

여기서 끌어당긴 상대방의 팔을 자신의 다리 아래 방향으로 밀어줍니다.

12화

스파이더 가드 패스

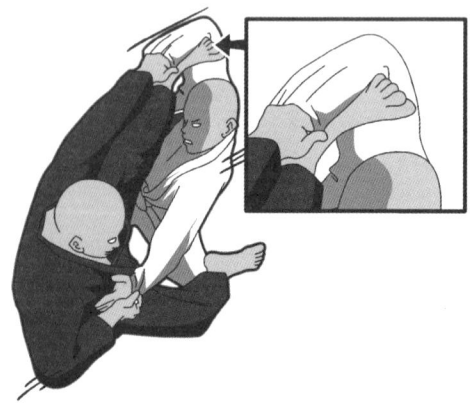

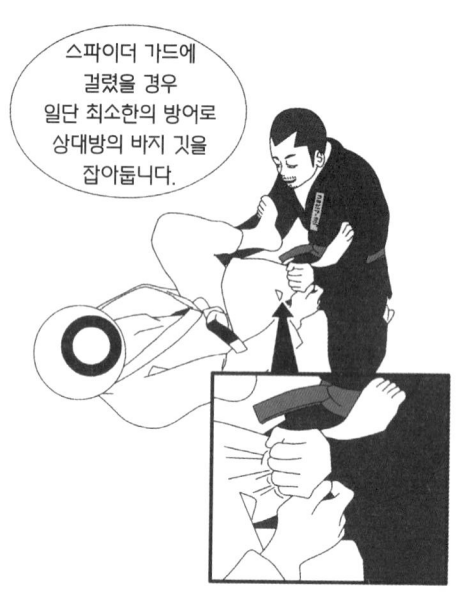

스파이더 가드에 걸렸을 경우 일단 최소한의 방어로 상대방의 바지 깃을 잡아둡니다.

상대방이 원하는 방향으로 끌려가지 않으려면 나도 무언가를 잡아야 힘을 쓰면서 버티겠지요??

앉아있으면 스윕이나 트라이앵글 초크에 걸리기 쉽기 때문에 일어서는 게 방어하기에 훨씬 좋습니다.

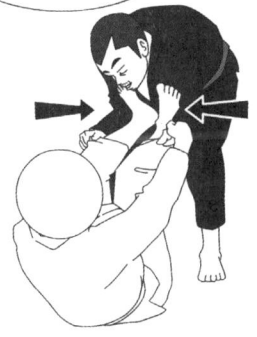

첫 번째 패스 방법!
상대가 중심을 흔들기 전에
양팔을 안으로 모으면서
뒤로 빠져줍니다.

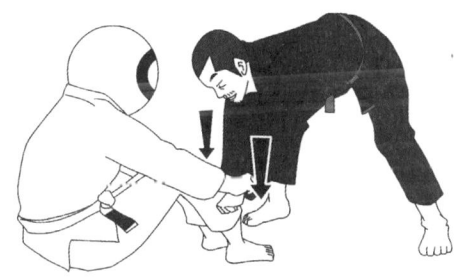

그 뒤에 양다리를
아래로 누르고

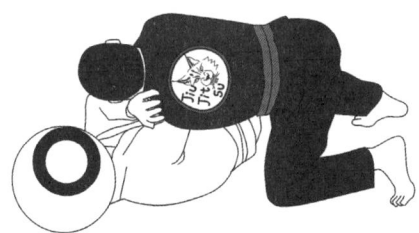

그 상태에서 자신의
어깨로 상대를 눌러주며
사이드 포지션으로 이동하면
패스 완성~

두 번째 패스 방법! 내가 상대의 다리를 아래로 누르려 하는데

상대방이 나를 위로 끌어가려고 할 때~

그때 손을 돌려 상대의 종아리 부분의 바지 깃을 잡고서

앞쪽으로 밀어서 눌러주고

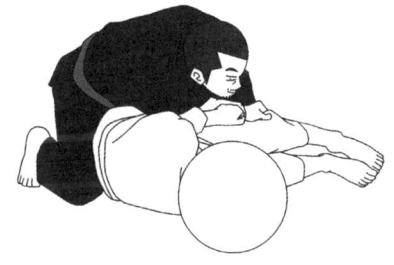

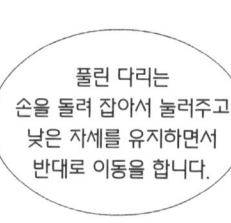

13화

데라히바 가드

- 베림보로(Berimbolo) -
데라히바 가드에서 상대를 넘어뜨림과 동시에
함께 회전하면서 화려하게 백포지션을 잡는 기술

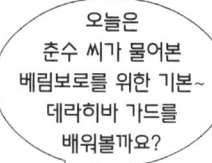

- 데라히바 가드(Delariva Guard) -
상대의 손과 다리를 같이 묶을 수 있는 가드

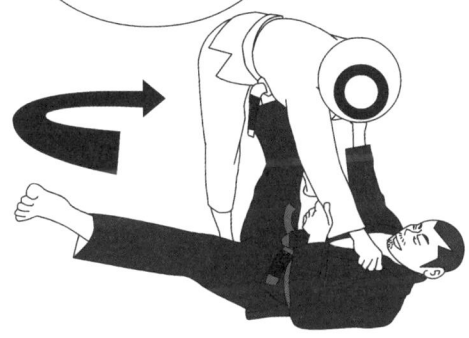

한 다리는
상대의 골반을 밀어주고
다른 다리는 회전을 줘서

상대의 다리를
타이트하게 감아주면
완성됩니다.

이렇게
양손과 다리가 잡혀있게 되면
움직이기가 쉽지 않죠.

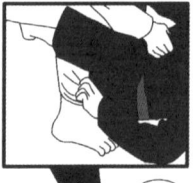

첫 번째 공격 방법!
한 손은 데라히바 가드가
걸려있는 다리를 잡아주고

반대 손은 당기면서
발을 이용해서 상대방의
다리를 밀어줍니다.

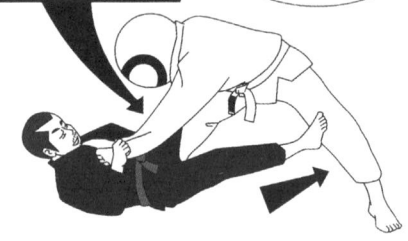

그때 손과 다리를 이용해
잡아두었던 반대쪽 다리도
함께 돌려주면
조금 더 수월하게
스윕이 됩니다.

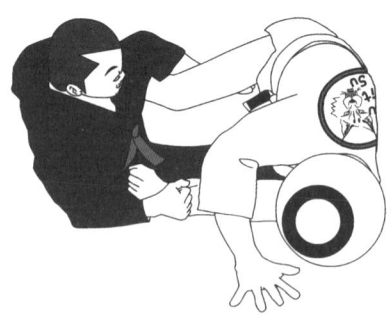

두 번째 공격 방법!
첫 번째 상황에서
밀리지 않으려고
상대방이 내 쪽으로
중심을 이동할 때~

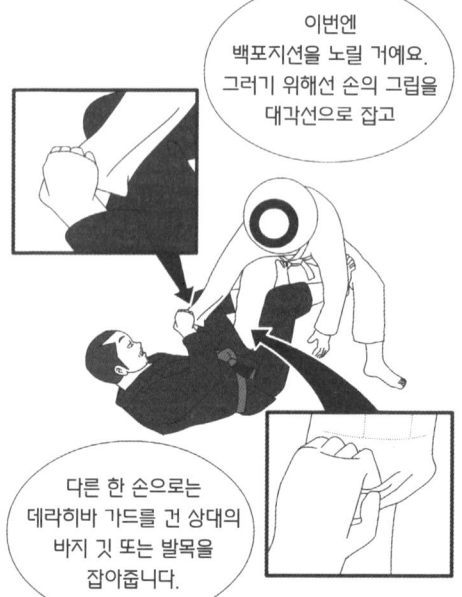

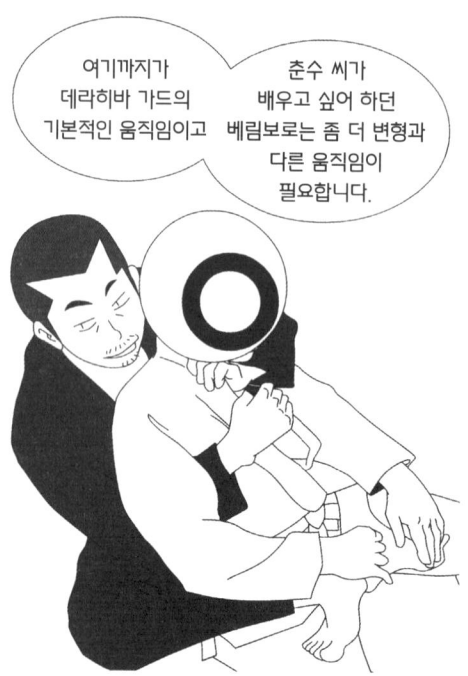

14화

데라히바 가드 패스

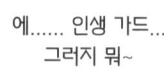

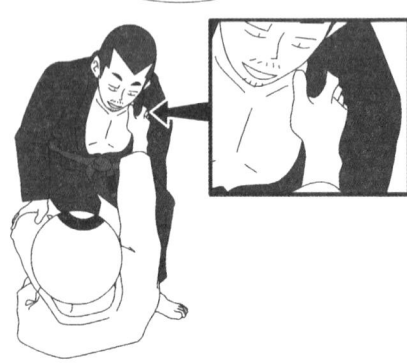

우선 잡혀있는 목깃을 뜯어줍니다.

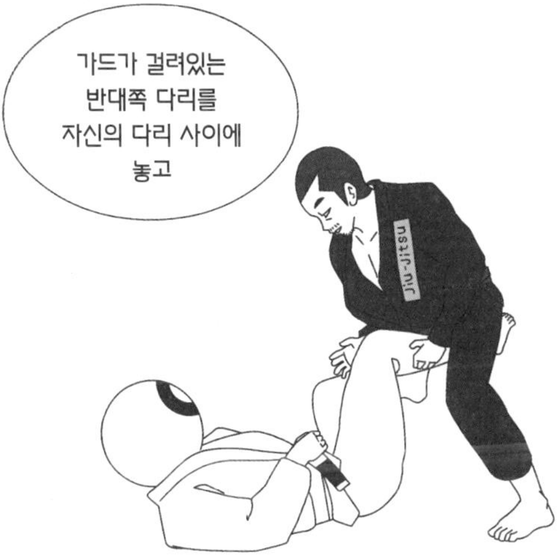

가드가 걸려있는 반대쪽 다리를 자신의 다리 사이에 놓고

상대의 목깃과 팔을 잡고 옆으로 상대의 몸을 틀어줍니다.

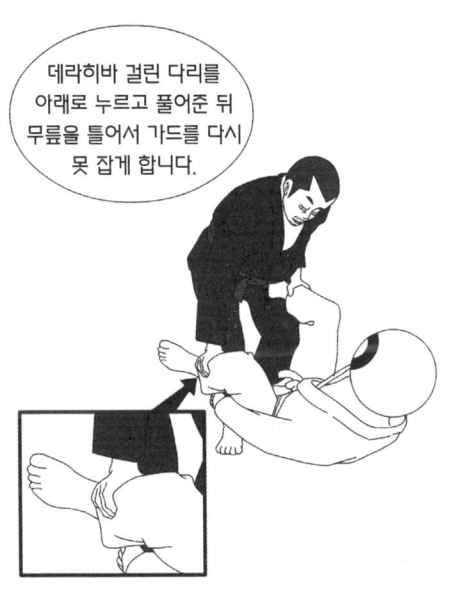

데라히바 걸린 다리를 아래로 누르고 풀어준 뒤 무릎을 틀어서 가드를 다시 못 잡게 합니다.

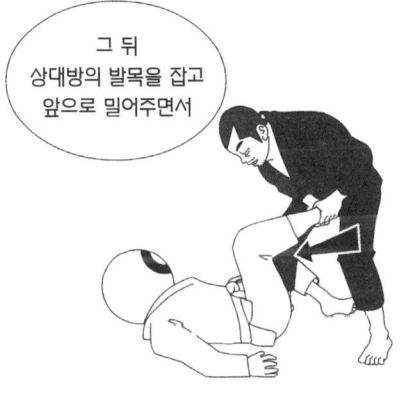

그 뒤 상대방의 발목을 잡고 앞으로 밀어주면서

내 몸을 스스로 옆으로 이동하며 잡고 있는 상대의 다리를 자신의 옆구리로 붙여줍니다.

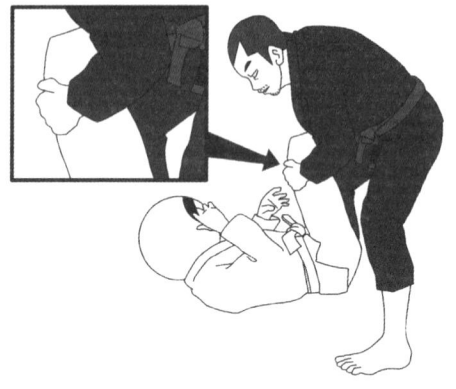

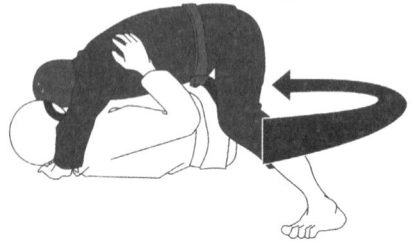
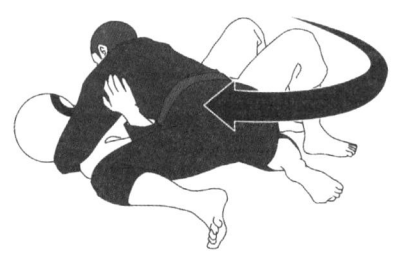

15화

사이드 포지션 탈출

자~ 그럼 오늘은 영애 씨에게 필요한 사이드 포지션 탈출법을 배워볼까요?

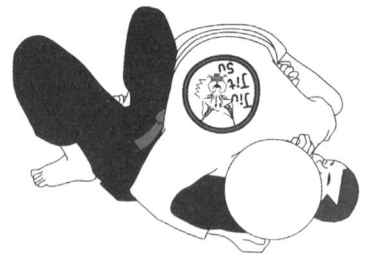

지금처럼 상대에게 사이드 포지션을 빼앗겼을 땐~

한쪽은 상대의 허리를 막아서 가슴으로 올라오지 못하게 하고

나머지 한 손은 상대의 목을 막아줍니다.

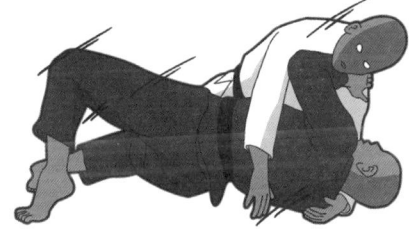

※다리와 몸의 힘을 이용해 상대방을 대각선 방향으로 밀어내는 동작

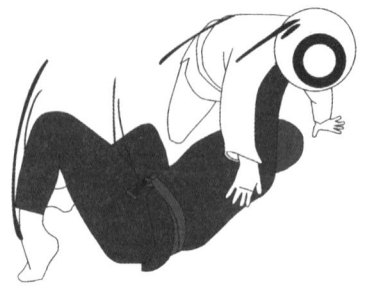

팔을 펴면서 몸을 뒤로 빼줍니다. 그럼 상대와 사이에 공간이 생기죠?

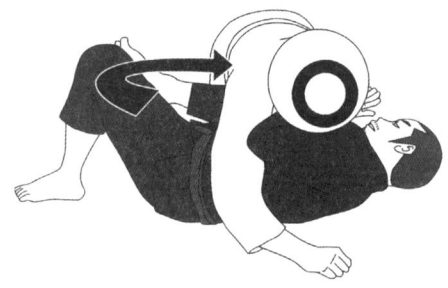

공간 사이로 무릎을 넣고

상체를 뒤로 펴주면 상대를 마주 보게 되는 자세가 됩니다.

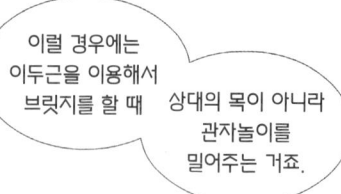
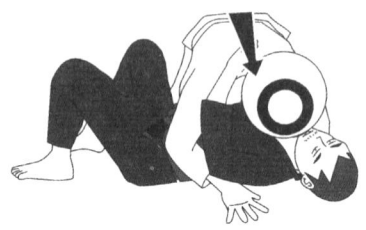

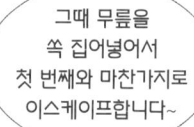

MEMO

16화

마운트 탈출

MMA에서 가장 위험한 포지션 중 1~2위를 뽑으라면
단연코 들어가는 최악의 포지션

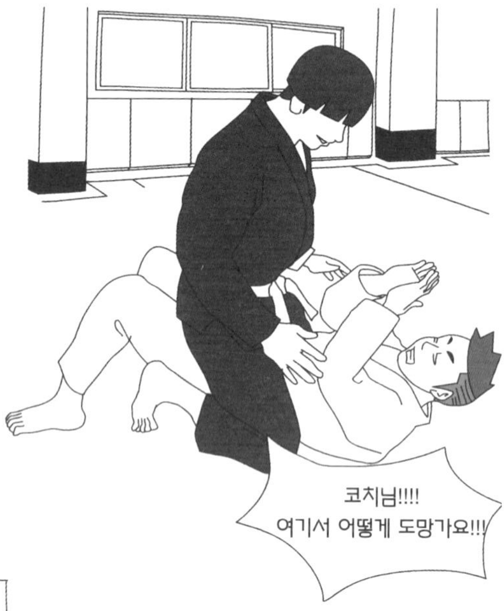

코치님!!!!
여기서 어떻게 도망가요!!!

브릿지해서
상대를 앞으로
쏠리게 하고

춘수 씨 경우에는 아마도 그게 최선일 거예요. 익숙해지면 좀 다르겠지만~

이미~ 익숙해진 거 같은데요!! 다음 것도 바로 알려주세요~ ㅋㅋㅋ

그럼 마운트에서 쉽게 벗어나는 법을 알려드리죠~ 덤으로 바로 공격할 수 있는 법까지~

마운트에서 상대가 가슴까지 타고 오면 벗어나가기 더 힘들고 특히 암바나 초크에 쉽게 노출이 되죠.

그래서 상대가 내 배 위에 있을 때 가슴으로 못 오게 하는 게 첫 번째입니다.

팔꿈치로 계속 방어를 하면서 못 오게 해야 해요.

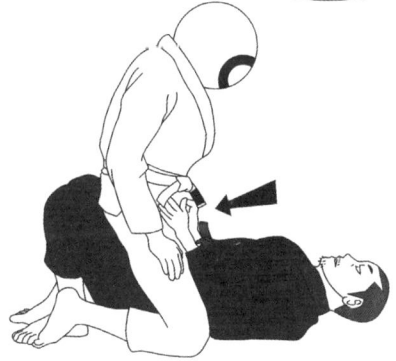

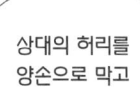
상대의 허리를 양손으로 막고

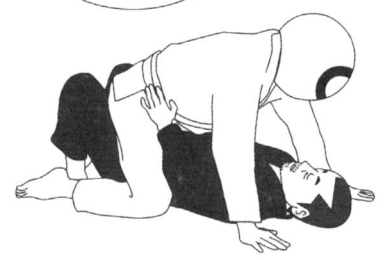

그대로 허리를 위나 대각선으로 브릿지를 해서 상대를 띄웁니다.

이렇게 공간이 만들어지면 그 사이로 양 무릎을 쏙~

양다리를 아래로 차주면서

17화

백포지션 탈출

상대방이 백포지션을 잡았을 때

주의해야 하는 손은 목으로 감아들어오는 손이 제일 위험해요.

이 손은 초크를 직접적으로 노릴 수 있기 때문에

양손으로 상대의 팔을 잡아서 공간을 확보합니다.

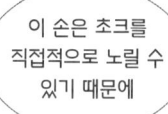

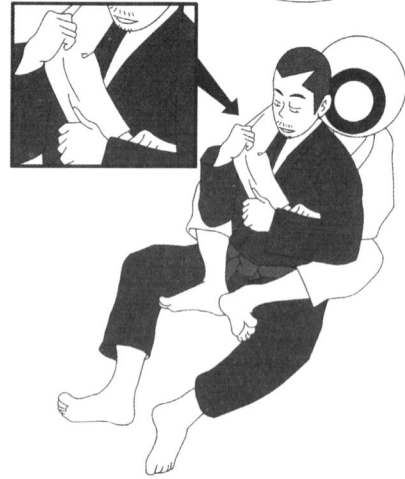

팔을 잡고 있는 방향으로 누워서 상대방을 바닥에 붙여놓고

허리에 걸린 상대의 한쪽 다리를 풀어줍니다.

그 뒤에 팔을 잡은 상태로 몸을 돌려주고

상대의 겨드랑이를 파면서 압박!! 동시에 엉덩이를 하늘로 들어주면

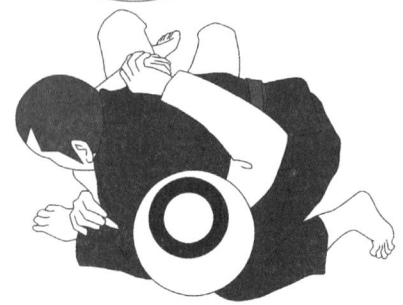

방금 전에는 상대방이 백포지션 상태에서 상대의 다리를 들어서 몸을 틀었잖아요~

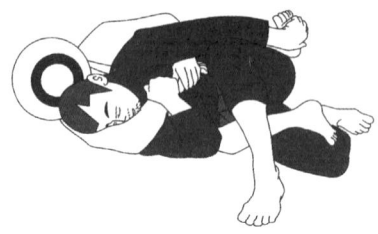

이번엔 그 다리를 한곳에 모은 뒤~ 자신의 다리를 넘겨서

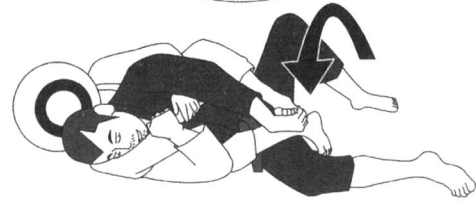

트라이앵글 그립을 잡고 상대의 발목을 그대로 꺾어주는 방법입니다.

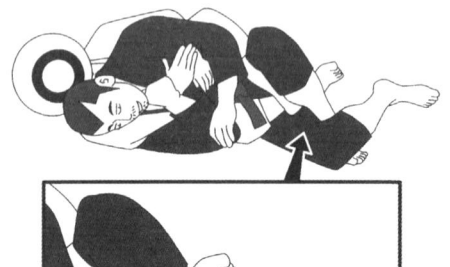

주짓수도 유파 개념이 있습니다.
자신의 체육관 유파를 찾아보는 것도
재밌는 일이겠죠?

18화

아메리카나

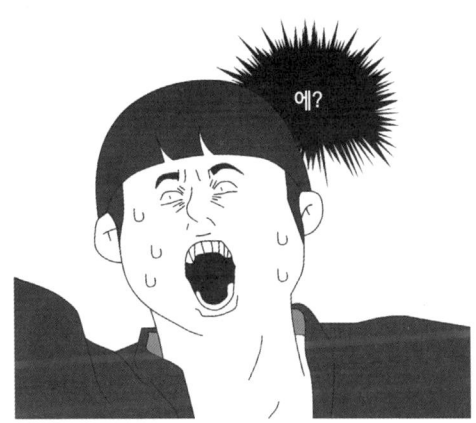

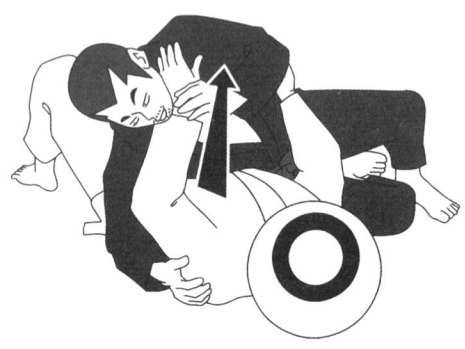

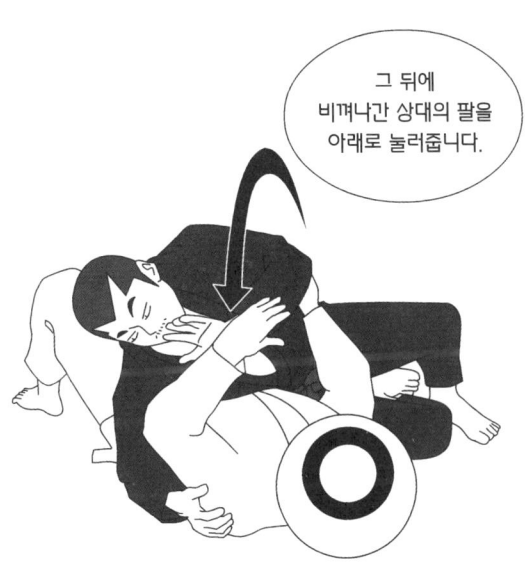

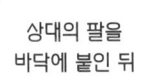

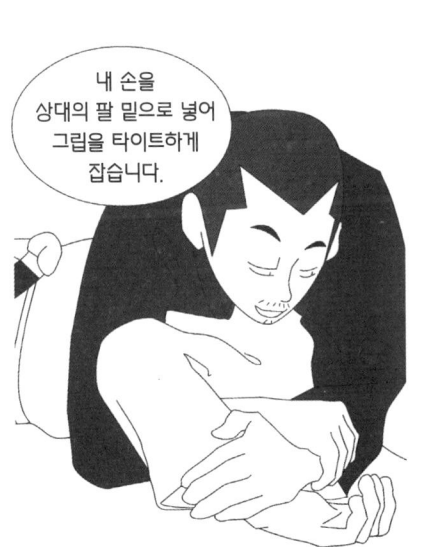

19화

베이스볼 초크

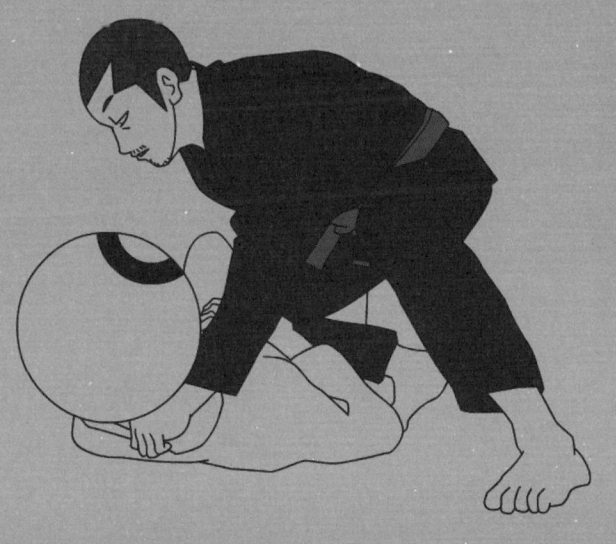

- 베이스볼 초크 -

20화

도복을 이용한 초크

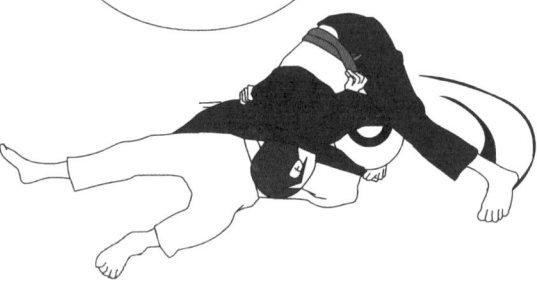

- 라펠 닌자 초크(Lapel Ninja Choke) -

21화

백 초크

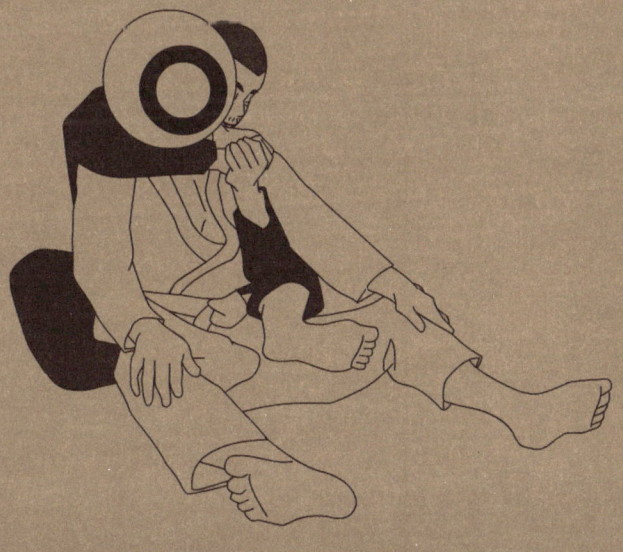

22화

보우앤애로우 초크

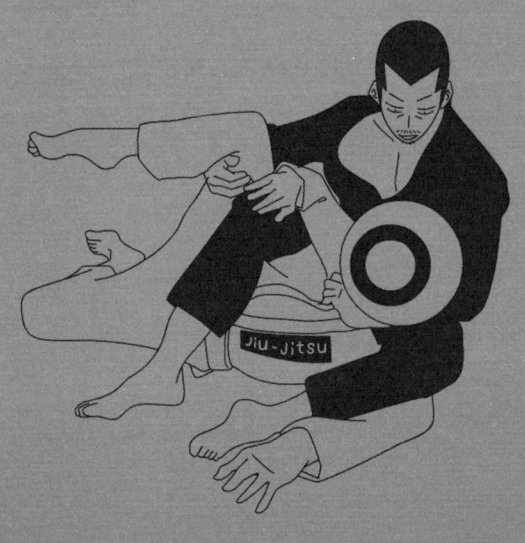

- 보우앤애로우 초크
(Bow and Arrow Choke) -

다리로 상대의 목을 감아주면

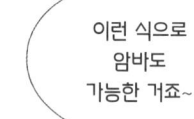

이런 식으로 암바도 가능한 거죠~

와... 진짜 백포지션은 배울수록 무섭네요...

야! 네 얼굴이 더 무서워!

23화

리어네이키드 초크

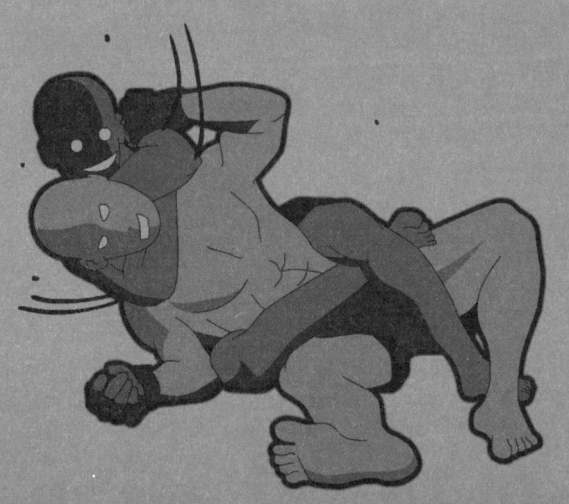

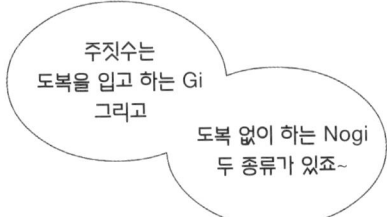

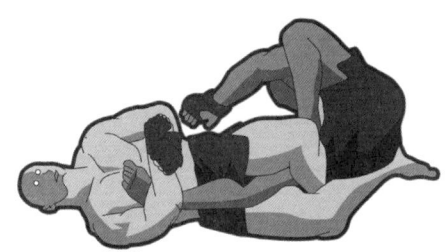

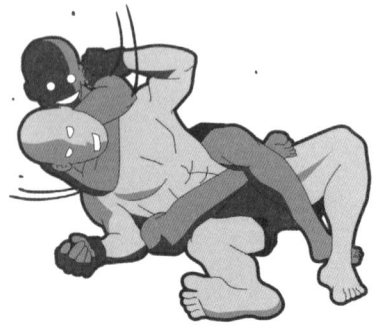

- 리어네이키드 초크
(Rear Naked Choke) -

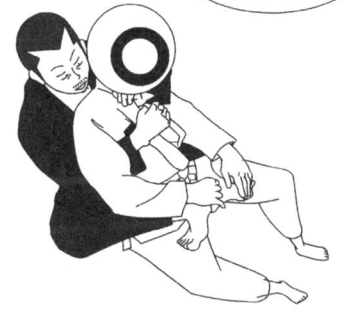

이 기술은 내 팔로 상대의 양쪽 경동맥을 눌러야 하기 때문에

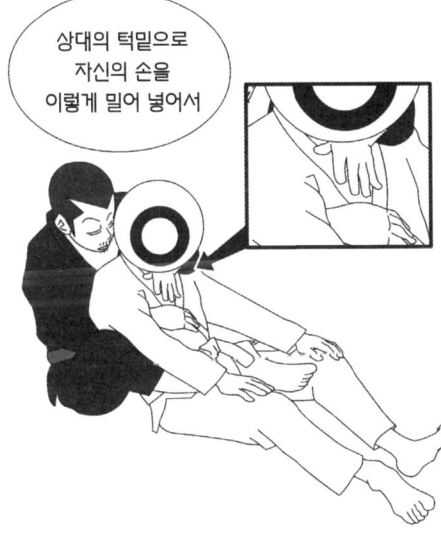

상대의 턱밑으로 자신의 손을 이렇게 밀어 넣어서

이렇게 팔 안쪽을 깊게 넣어줍니다.

24화

마운트 공략(1)
트라이앵글 초크

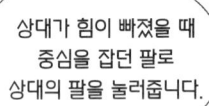

여기서 키포인트!!

마운트 포지션을 갔다고 해서 바로 기술을 쓰려다 보면

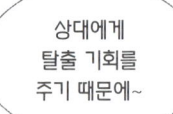

상대에게 탈출 기회를 주기 때문에~

압박하면서 상대의 힘을 빼주는 게 중요합니다.

MEMO

25화

마운트 공략(2)
이제키엘 초크

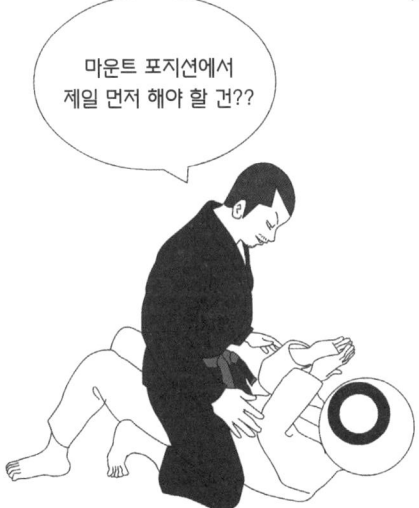

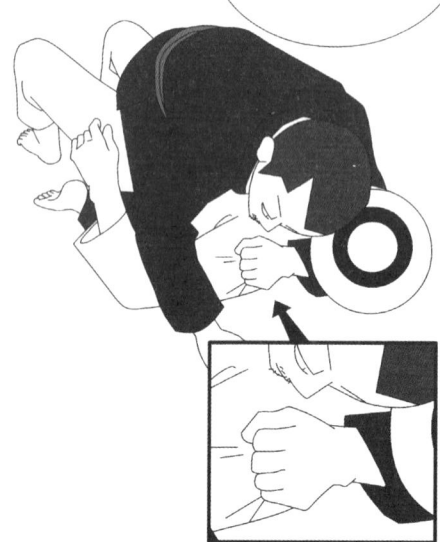

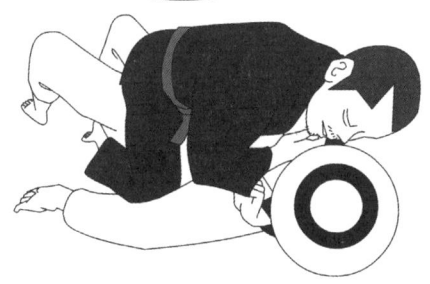

양손을 X자로 조여주면 초크가 완성이 됩니다.

마운트에서 트라이앵글 초크보다 훨씬 간단한 거 같은데요??

그런가요?? ㅎㅎㅎ

이 기술의 장점은 또 있습니다.

밑에 있는 상대가
내 골반을 밀면서

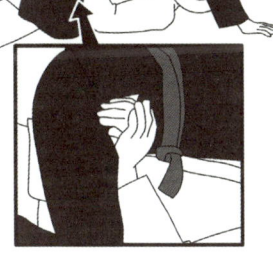

다리 한쪽을 잡아서
하프가드로
끌고 갈수 있는데

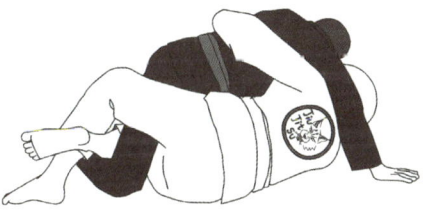

- 하프가드 -
한쪽 다리만 제어하는 가드 형식

이때
상대의 손이
아래쪽으로 향할 때
목에 공간이
생기기 때문에

MEMO

26화

마운트 공략(3)
S 마운트 암바

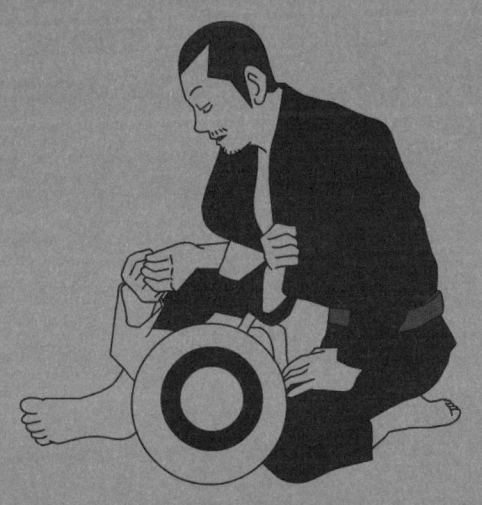

"코치님!! 코치님!!"

"아~ 춘수 씨"

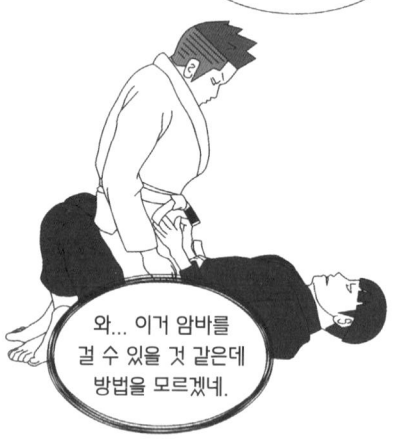

"마운트 포지션에서 공격할 때요~ 암바가 보일 것 같은데 길이 잘 안 보여서요~"

"와... 이거 암바를 걸 수 있을 것 같은데 방법을 모르겠네."

"혹시 방법이 없을까요?"

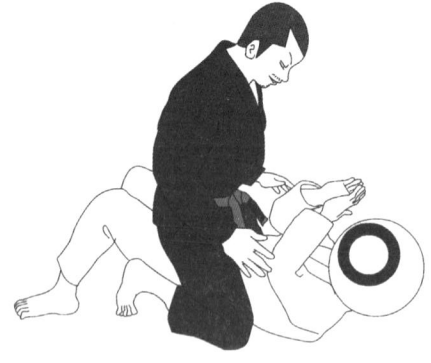

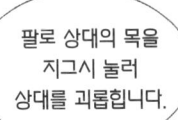

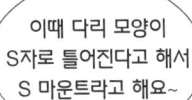
이때 다리 모양이 S자로 틀어진다고 해서 S 마운트라고 해요~

이 자세에서 한쪽 팔로 상대의 팔꿈치 부분을 엮어서 자신의 옷깃을 잡으면

남은 한 팔로 중심을 잡으면서 상대를 눌러 압박할 수 있습니다.

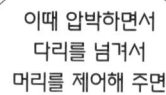

MEMO

27화

리스트 락

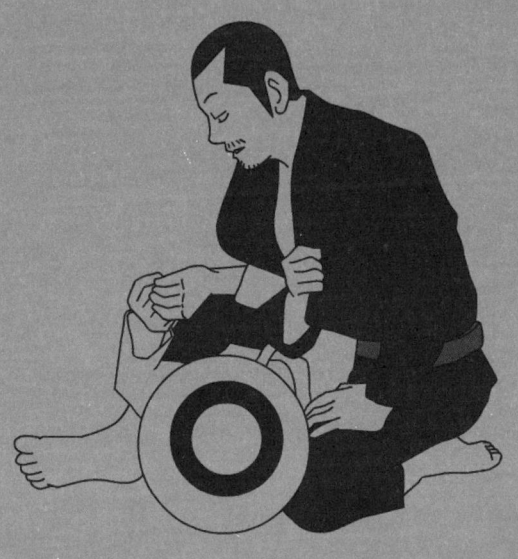

- 오모플라타 -
다리와 엉덩이를 이용해 상대의 어깨와 팔꿈치를
함께 공략할 수 있는 기술

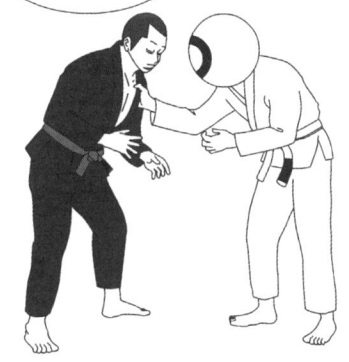

28화

앵클 락

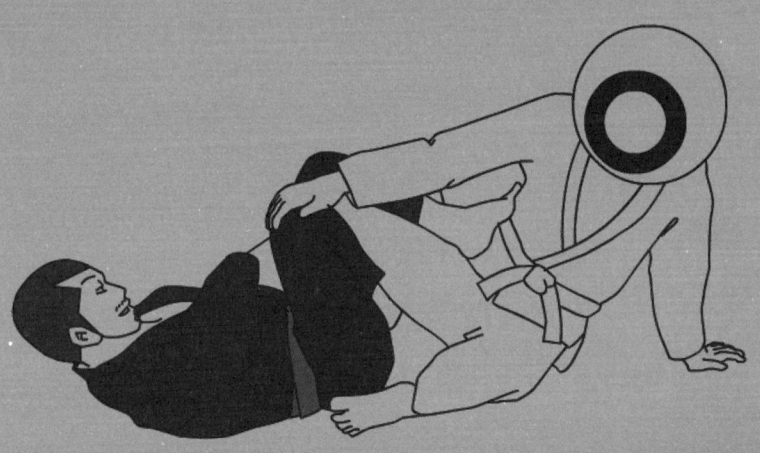

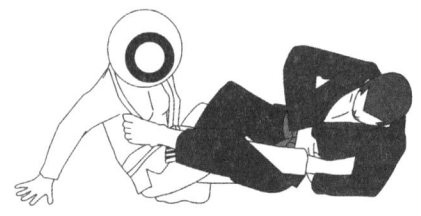

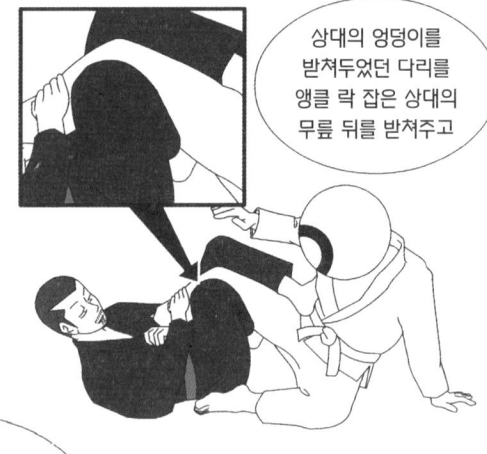

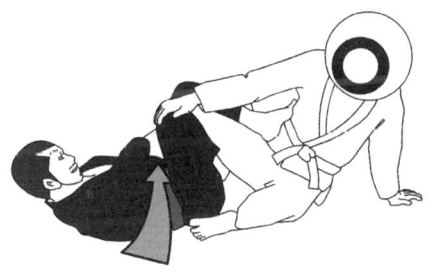

와... 발목 잡히면 도망도 못 가네요. ㄷㄷㄷ

흠... 역시 직접 해보지 않고선 모르겠는걸... 춘수야, 한번 해보자!

에????

29화

니바

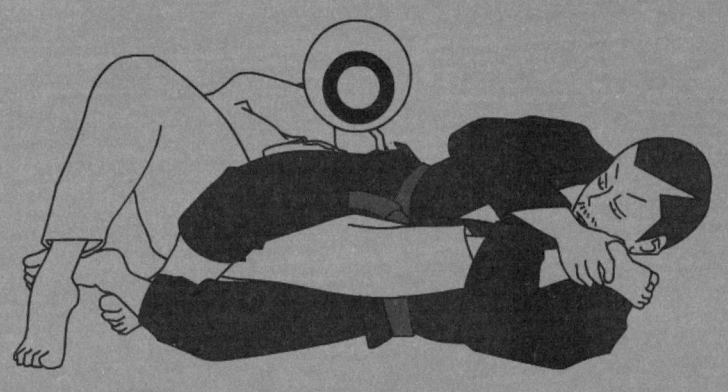

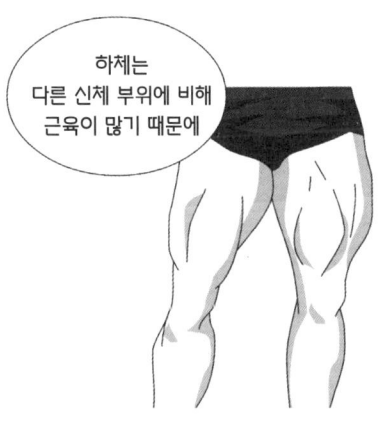

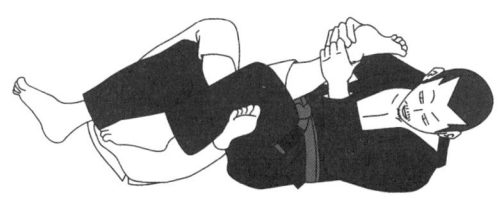

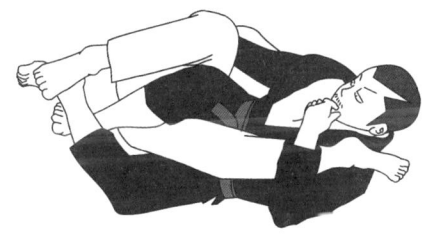

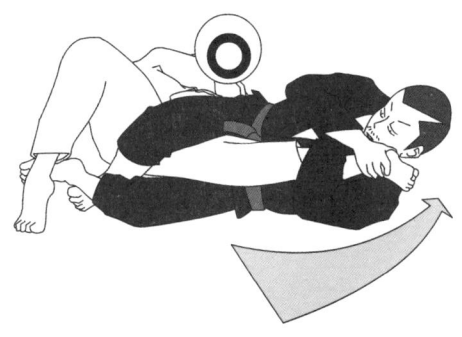

한쪽 다리는
상대의 다리 안으로
넣어주면서 동시에
손도 함께 넣어줍니다.

미리 넣어둔
손과 다리로 고정축을 만들고
상대의 허리를 밀고 있던 다리를
바깥으로 돌려서
몸을 회전합니다.

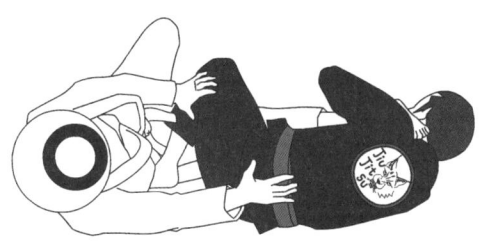

그럼
상대가 뒤로 넘어가면서
니바 걸기 좋게
자세가 바로 나오거든요.

30화

승급

[주짓수Tip] 주짓수는 정해진 기간 꾸준히 수련을 하면 승급식을 통해 벨트에 한 줄씩 감는 그라우를 받을 수 있다. 띠별로 4개씩의 그라우를 받으면 그다음 색의 벨트로 승단이 가능하다.

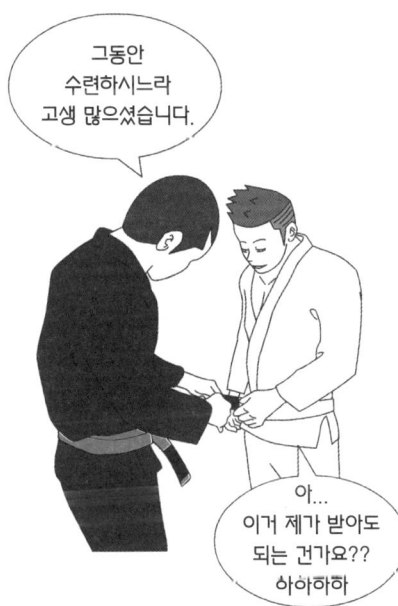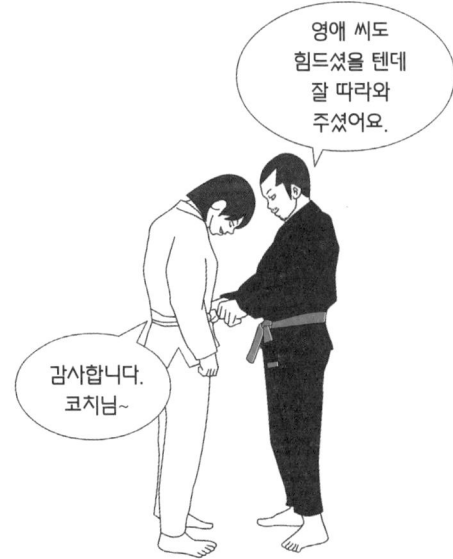

에필로그

2022년 첫 미팅 당시

진솔한 서평을 올려주세요!

이 책 또는 이미 읽은 제이펍의 책이 있다면, 장단점을 잘 보여 주는 솔직한 서평을 올려주세요.
매월 최대 5건의 우수 서평을 선별하여 원하는 제이펍 도서를 1권씩 드립니다!

- **서평 이벤트 참여 방법**
  1. 제이펍 책을 읽고 자신의 블로그나 SNS, 각 인터넷 서점 리뷰란에 서평을 올린다.
  2. 서평이 작성된 URL과 함께 review@jpub.kr로 메일을 보내 응모한다.

- **서평 당선자 발표**
  매월 첫째 주 제이펍 홈페이지(www.jpub.kr) 및 페이스북(www.facebook.com/jeipub)에 공지하고, 해당 당선자에게는 메일로 개별 연락을 드립니다.

독자 여러분의 응원과 채찍질을 받아 더 나은 책을 만들 수 있도록 도와주시기 바랍니다.